paintress und poet, no. 1

Pfeiffer / Meister

LOCKDOWN

- ein C-Movie -

ABENTEUER Akademie BAYERN

Impressum

Erste Auflage, 2021
copyright (c) Verlag Akademie-der-
    Abenteuer, Berlin 2021
Boris Pfeiffer, Pfalzburger Straße 10,
        10719 Berlin
info(at)verlag-akademie-der-
        abenteuer.de

Umschlagillustration und -gestaltung:
        Michèle Meister
Satz und Herstelluhg: Verlag Akademie
            der Abenteuer
Druck und Binden: BoD GmbH,Norderstedt
www.verlag-akademie-der-abenteuer.de

ISBN (print) 978-3-98530-002-0
ISBN (ebook) 978-3-98530-003-7

Printed in Germany

INHALT

Innehalten, ein und aus,
Vorbereitung auf den Tempel,
weinen, waschen,
mir mein Herz zu eigen machen,
dir, mein Herz, mein Herz zu eigen geben,
meine Hand im Wasserbecken
spiegelt sich der blaue Himmel
Gnothi selton das Übermaß bist du
Nosce te ipsum erkenne dich selbst
in den Spiegeln der Viren
Weinen und Totlachen
vom Sterben und Lieben und
Mister und Missisverstehen
von paintress und poet - Ha!

Soll ich dich endlich umarmen,
kann ich dich endlich
lieben wie die Erde es beschreibt?
Was bleibt uns zu tun,
was sollen wir sprengen,
was halten?
Sind wir vernünftige Menschen, sind
wir Seelen, die das Haus verlassen,
gibt es ein Haus?

ich kann dieses erdenrund nicht mehr
ernstnehemn,
dasist ne round about dreckseite -
eine müllkippe in atemlosigkeit,
in schlechtgestank.
was willst du, bruder?
zahnpuder ....
allein auf der erde wie die
letzte büffelhernde
ei nsam wie
ein bisoN
single wie der
letzte pringle

fick dich ins knie oder nie

Und wenn uns die Chinesen fressen?
Die haben was drauf. Tricks!
Harte Tricks!
Hier ist einer: zuerst wanderst
du ein.
Dann gehst du zum Bauern und
sagst!: Alter, vergiss den Hafer
für die Ackergäule und bau mir
Sorghumhirse an. Brauchen wir
viel. Nehmen wir alles ab.
Wir zahlen das doppelte.
Der Bauer schlägt zu,
das geht zwei Jahre gut.
Dann hört er: Ab jetzt gibt's
nur noch die Hälfte.
Wie, will er wissen?
Na, guck mal - bauen doch jetzt
alle hier an, das Sorghumhi.
Guckt der Bauer sich um -

                    stimmt, sieht er.

Und er gehorcht.

Er gehorcht für die Hälfte ...

Da kannx er dann noch so von
leben.

Schafft er aber :)

Im Jahr drauf wollen die Bosse
nix mehr angebaxut von ihm.

Da kann er dann nur noch schlucken,
nix für nix.

"Und was soll ich fressen?"

Erde geht schlecht - also versch-
erbelt er sein Land.

Das haben dann die Chinesen.

Li Amazon und Cheng Amazon und
ihr Sohn Liu.

AMAZONEN und AMAZONS. Kapiert?

Wieviele Tote von wievielen
                    Befallenen?
Noch unbekannt.
Wievile mit einem e mehr
Überlebende von wie vielen
                    Infiszierten?
Unbekannt samt Dunkelziffer.
Wieviele Tote aber?
Jeden Tag mehr, mehr, mehr;
DANKE —
war das nicht schon immer so?

"Corona virus, corona virus", sang
Salomon Kalou.
Danach war er ein toter Mann im
deutschen Fußball.
Aber was
aber was
aber was
wenn er nur "wir leben weiter,
wir leben weiter, wir leben weiter"
gesungen hat ...

Ich will meine Frau nicht mehr
in der Wohnung.
Ich hab die geheiratet, damit sie
nach meinem Tod versorgt isst,
denn ich verdien mehr.
Aber sie arbeitet in einer Schukle ...
Da seht ihr, wie ich mich vertippe, wen
                                        nn
ich an sie denke.
Mitten im Virusgebiet.
Ich habe Todesangst vor meinner Frau.
Schleppt sie's mir an, bin ich dann
dran?
Bleib weg von mir.
Sie fehlt mir sehr.
Ich würde am Liebsten die Schulen
zu Asche bomben.

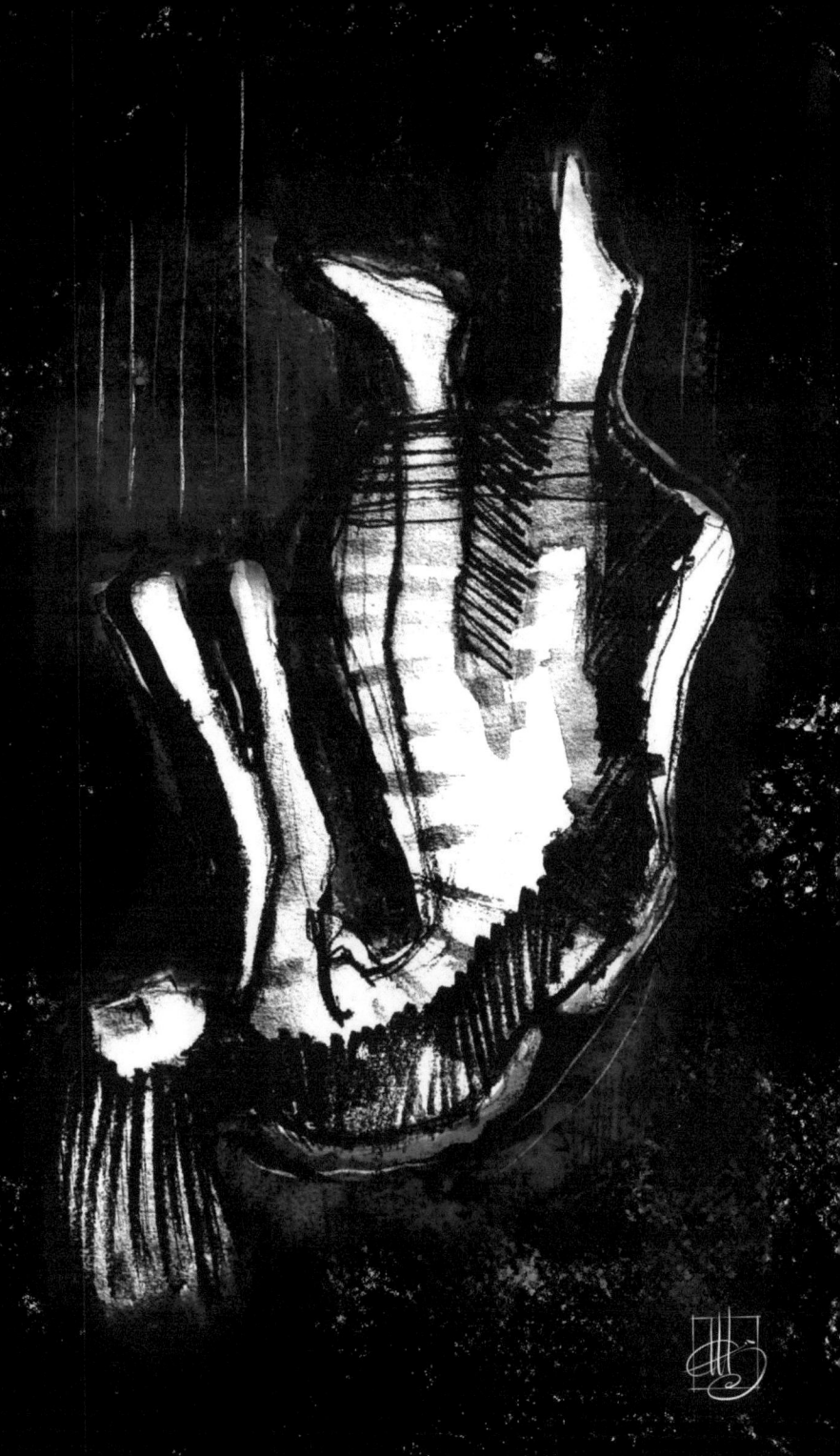

klopapier. klopapie.,

schine

Das ganze Hamstern ist ein
Nackenschlag in den Kapitalismus.

und wenn

Scheiße
. ter Welt

jetzt wirst du rot – viel zu spät?

Klopapier, Klopapier,
Rotwein Rotwein, Rotwein
- schwache Leistung, Schreibma
schine,
jetzt wirst du rot - viel zu spät?
Das ganze Hamstern ist ein
Nackenschlag in den Kapitalismus.
Keiner glaubt, dass es genug gibt.
Alle glauben, nix is da!
Und wenn nix da ist,
ist nix ....

        Nix mehr.
Scheiße, das fühlt sich an wie
Dritter Weltkrieg.

Ich weiß noch super gut
wie alle auf den Balkonen standen
und in die Hände geklatscht haben.
KEIN SCHIMMER WAS DIE WOLLTEN.
Aba tags drauf war mir dann klar:
Lohnerhöhung für die
Systemrelevanten.
Das haben die nie gekriegt.
Nicht einmal,
nicht zweimal,
nicht sonstwann.
ALLES LÜGE, mein liebster Rio,
weiter kommen wir nicht.

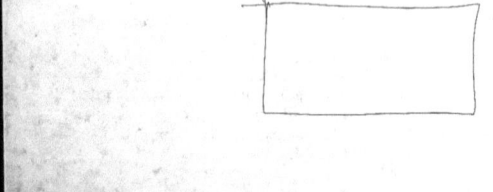

Mein Kumpel, mein Freund,
mein Partner und mein Genosse
hat sich in den hohen Norden
verzogen.
Er hat Schiss gehabt, dass ihn seine
Nachbarn verraten.
        Ham die nicht.
        Weiiller okey is.
Aber Schiss hatter gehabt. Jede
Menge. So richtig Nazischiss vorm
Osten –
Die sind alle so arm, die mochten ih
n
weil er kein Geldsack ist.
Nur das hat ihn gerettet
vor der Denunziation.

Der Laden steht leer jetzt.
Kreuzberg allein.
Am Ufer hauen die Mietwagenmieter
ihre CDs in den Himmel.
Nachtschwärmer nachts. Staubsauger-
jungs tags. Mietwagensäubererer eben.
Klar haben die ein M Kennzeichen.
Mein Gott, Jugendliche----------
Auf den Wiesen die Enten
jammern den Turis nicht nach.
Die Mülltonnen auch nicht.
Auch nicht die Mieter.
Die nächtlichen Brücken atmen
die schweren Träume aus ihren
Stahlträgern. Wohin damit wissen
sie auch nicht. Nur weg und
weg und weg ....

Du

ich

in einer Bude für so viele Monate.
Und niemand besucht u ns!
Ist das der ...
Ist das das Ende der Welt?
Nein;
noch nicht.
Aber ehrlich, es könnte nah dran sein.
Und du und ich auch,

Es ist unwichtig, wieviel du wiegst,
wie breit deine Hüften schwingen,
was du auf die Waage bringst,
ob dein Haar echt ergraut –
du killst mich mit deinem Denken,
du killst den täglichen Tod
der sich ausbreitet ohne Komma.

Verlass mich nie wieder,
bleib für immer!
Lass uns ...
Mach mit !!!
Weiter mit mir;
mit mir ich bin da;

So reglos lag Berlin noch nie,
ein verwundetes, stillgelegtes Knie,
ein Gipsbein, ein Virusstillleben,
ein weißes Dasein ohne Seele,
ein sich ins Nichts quälen.
Berlin ist tot Berlin ist a,m Ende
zwei faltige Betehände.
Ein Atemabschnitt und ein Atem-
versageh. Am Ende.
In den Straßen geht niemand.
Keine Sau. Kein Sonnenstrahl.
Kein Kind. Kein Wagnis.
Die Rinnsteine kacken ab.
Du und ich.
Vergessen wir es, Happy.
Selbst die Scheiße dampft nicht
mehr.

Happy! Happy; Happy; Ich
vermisse dich. Bis gestern haben wir
Bücher gemacht und seit heute
ist es vorbei. Du hast Angst vor
allem. Vor mir, deiner Frau, dass
wir uns sehen.
Bitte lass das Virus nicht über
unsere Jahre bestimmen. Es kann uns
töten aber vielleicht doch auch nicht.
Villeicht sterben nicht alle oder
sogar nicht so viele. Vielleicht sind
die Zahlen nicht so wahr. Happy;
Bleib bei mir, mein Freund,
lass uns weiter machen!

Corona

Dann möchte ich, dass der
Himmel sich über mir öffnet
und irgendein Gott Freiheit
über mich löffelt –
und dann will ich mich
über den Erdboden erheben
und leben.

Das Ende istdirekt da,
America!
Ist kein Entkommen mehr,
kapita;
oh ismus oh ...
Was'n Scheiß;
Das issen Gedicht für Happy
Gib nicht auf, da lauert noch ein
Lebensjahr mehr, um dir das Haar
zu streicheln und dich zu
liebkosen zu schoßen zu
umarmen dich zu lieben alter
Mann und jung zu halten
dich in den Himmel zu heben
...
Happy ... Happy Happy Happy

Hat es nicht eilig, das Virus,
hat alle Zeit! Hat ne
langsame schwarze Stimme,
in der der Donalds Gekreisch
verklingt.
Harrt und wartet und klingt ...
Fuck me! Oder xou oder you ...
Nobody waiting
just relating
just in time ...
Covid is mine ...
you are mine ...
i am in time ... LOVE
be it it is is
in a rhythm of get get
get to get get get fine ...
beautiful earth!

Ich ziehe den Bauern vor -
Covid -
du antwortest -
Covid -
und das soll das Spiel sein,
???
dear Mr,
die Erfinder des Schachspiels hatten
einiges mehr drauf!

Ha!

Komm, beenden wir das Ganze!
Vanillekipferl, Trump und Covid.
Zuckershit und Bumbumboris,
helle Fenster in der Nacht, Venus,
Geld, deine Schulden.
Das liegt alles in deinem Glas
mit Glücksmünzen,
copperhoppercovidlove.
come on go on hopp on and away,
love.
was wollen wir denn noch to
care about more
wir hatten doch schon alles zum
versagen.

müde sind wir
wollen schlafen
kömnne nicht mär
sind am ende
träume greifen.
nach dem nachtmeer
wir sind schwere
leicht nicht wieder.
schwere dinge
ganz am ende
frauen männer
bitte gi b mir
flügelenden .
um zu weichen
von der welt

Bierkorken, Kronkorken,
Leuchtkeklame, und die Corona-
         Suite in Giganten,
kurz vor dem Ende,
kurz vor dem Absturz.

Krönchentier sagen auch manche
in ihren Chats, das C-Tierchen.
"Bleib negativ!", heißt es.

C O R O N A flattert über
die Dächer, Buchstaben,
die in der Nacht verwehen,
im flüssigen Dunst und im
Kifferqualm (wie Kuhglockenklang
auf der Schweizer Alm)

Covid schlägt Goliath, schleu-
dert ihn aus der Bahn.
Virus schlägt Größenwahn.

Pattis Gesang zu Covids Musik,
Punk aus Triebeslied –
in den Lungen Millionen,
dann kommt der Anti-Schleim,
killt den Virus und klebt
dem Wirt die Lungenbläschen ein.

Der vollkommene SelbstmordBLOB
der kleimschleimvirustod
der argumentlose Wirtstierbe-
                    herrscher – –

der Menschen zu Kellerassel-Roll-
            Mistkäfer.
Der Pfui-Baba in der Raucherlunge,
der ungesunde kleine Nachbars-
                    junge
aus dem Wald,
aus der Fledermaus,
zu Besuch im Gästehaus.

Hygienekonzepte für Abfallreste.
Freie Reihen, leere Plätze.
Nasen-BH, Kriegersätze.
Zeitfensterticker, Heizpilz-
              risotto.

Maskenfressenpuzzle,
Riechkolbenkotze.
Gummi am Arm Schlinge.

Dreh dich nicht um,
Corona geht um;
Bienchen summ —
dein Stachel ist stumpf.

Stich mich, Honigbiene,
es ist wie ein Liebeslied.

...l am Arm S...

Dreh dich nicht um,
Corona geht um;
Bienchen summ –
dein Stachel ist stum...

Stich mich, Honigbie...
es ist wie ein Lieb...

»Wissen Sie eigentlich, Frau
                    Merkel,
    wie es ist,
    einem durch die Einatmung der
        eigenen Ausatmung
    hinter der Maske
    degenerierten Menschenkind
    in die Augen zu sehen:?
    Naaa, des wissen Sä nicht,
    aber ich, ich weiß es! «

    Ihre weißen Haare leuchten im Rot
    ihrer erregten Wangen. Alles,
    alles weiß sie, weit in die
                    Zukunft.
    Nanopartikelgrößen und sonstige
            Aufreger.

    Das sind die Straßenfeger auf
            Social Media.

Zwei Mille hat sie in Bionik
investiert. "Könnte das neue
Amazon sein",   75%+ seitdem.
Aber Scheiße, die Impfstoffbude
fällt.

    minus 10
Echter Kellertreppenerfolg.
Da bleibt sie dann doch lieber bei
Krügerrand wieder.
Da gehen wenigstens die Todeszahlen
in den Goldminen hoch
und die toten Indioas für das
chemische Golfdischen in den
Nebenflüssen von El Dorado
und zur Gier, Brüder, zur Sonne,
zur Geilheit.

Kinder sind nicht ansteckend.
Kinder sind hochansteckend.
Kitas sind die Hölle.
Kitas sind safe places.

Jugendliche Partykiffer sind
                    Mörder.
Öffentliche Parks sind Schlacht-
                    felder.
Frische Luft verhindert Ansteckung
Geschlossene Fenster und du
          dahinter, bl eibste gesund.

Alle Kinder in der Schule tragen
                    Maske,
nur Donald nicht, des hasst se.

... weil keiner was Genaues weiß,
reden plötzlich alle Scheiß.
Weil man sich Wissen erobern muss,
gilt bis dahin jeder Stuß.

Ich bin der beste Corona-
                    Politiker.
Ne , ich;
Nein, ich!

Covid, die beste politische
Selbstverkaufsmasche, seit es
Margarine gibt.

Infektionsrekord - gezögert
geschlampft - Geburtstagsparty
in Stretchlimousine - Pflegekräfte
mit Händeklatschen bezahlt -
Münchhausen zahlt Wirt mit dem
Klingen der Münzen - oder war es
Eulenspiegel? - Superspread im
White House - Schlecht geplanten
Corona Lockerungen - Wenn du zum
Virus gehst, vergiss die Peitsche
nicht - Proberückstau in Labors -
mehr Tote - Virus-Welle, come on,
Silversurfer - Coronaleugner ver-
öffentlichen Ramelows Privatadresse
- Lagergedanke - Stadt zählt
Intensivbetten anders als Bund -
Zweikilometergrenze mit Todeslinie -
Berichterstattung wird zum Spieß-
rutenlauf - Milliardenhilfen -
hol sie dir!

Fußball ohne Fans ist kein
            Fußball,
sagte der berühmte Schauspieler
und er werde sich kein Spiel
als Geist angucken.
Kann sein das ist okay.
Aber die Hardcorefans guckten
trotzdem.
Wie zuvor.
In der Kneipe.
Am Ticker.
Als Lauscher.
Und ich dachte, hat sich doch
im Grunde nichts geändert –
die Kohle wird da gemacht, wo
sie immer gemacht wird,
auf dem Bildschirm,
mein liebster Schauspieler.

Verklagst du es,

     lacht es dich tot.
Wählst du es,

     ist es ihm wurscht.
Verfolgst du es,

     bleibt es dir voraus
Genderst du es,

     quiekt es nicht auf.
Links oder rechts,

     umkreist es.
Hältst du es für eine Kastanie,

     liegst du falsch.
Aber vielleicht gefährden

  Mutationen bei Nerzen die

     Impfstoffsuche.

Die Viren fallen, fallen wie von
weit,

als welkten in den Herden alle
Herzen.

Sie schweben aerosolend weit und breit
t
und scheren sich nicht den geringsten
Deut

um angezündete Kerzen.

Ich glaube nicht,
dass ich sterben werde.
Nicht in diesem Jahr.
Nicht auf der Erde.
Ich sterbe wenn ich sterbe
aufwärts in die Nacht
und nicht an Krankheit
oder Tod —
ich sterbe an der Müdigkeit
am Menschen,
an seiner Raserei und
daran, dass mit jedem Jahr,
Geschmack und Inhalt sank
  vom frischen Brot.

Eingesperrt!
Wir sind alle eingesperrt;
Oh, wie eingesperrt.
Ja, sage ich zum Kind
Ja, sage ich zur Mutter mit
                dem scheiß Kerl.

Aber du –
wer fehlt dir von deinen Kollegen?
Wer von deinen Freunden macht dir
 die Tür nicht auf?
Welcher Ort deines Alltags ist
      echt ein Verlust?

Bei mir die Sporthalle.
Alles andere weniger. Naja,
solange der Wochenmarkt stattfindet
und Happy wieder nach Berlin
kommt und es Buchläden gibt.

Wer konnte, ging beim zweiten
Lockdown viel spazieren, und so
landete auch ich öfter mal draußen.
Am Fehrbelliner war Donnerstags Markt
- ich war dort sonst nie.
Und dann entdeckte ich den Wagen mit
Tsatsiki, Taramas, Zucchinipuffer.
"Ihr seid auch hier;"
Der türkische Betreiber lachte.
Aus lauter Freude kaufte ich ein
und merkte erst dann, dassich kein
Geld einstecken hatte.
"Macht nichts, zahlst du beim
                    nächstenmal!"
Seltene Worte, beruhend auf
vielen Begegnungen und gewachsenem
                    Vertrauen.
So nah ist mir lange nichts ge-
                    gangen.

wer konnte, ging beim zwei...
.... Tee spazieren, ...
.... ich öfter ....
Am .... war Donnerstags .....
- ich war dort sonst nie.
Und dann entdeckte ich den Wagen mit
Tzatziki, ... Zucchinipuffer.
"Ihr seid auch hier;"
Der türkische Betreiber lachte.
Aus lauter Freude kaufte ich ein
und merkte erst dann, dass ich kein
.... stecken ....
.... nichts, ... du beim
.... "
... ne Wo.........
... en Be.................. enem
... nah...

Ist ein Politiker dran gestorben?
Ein Fußballer?
Scheiße, wer stirbt eigentlich
                        dran?
Vielleicht mein alte Tante
oder mein Freund!
Ich kenne zu wenig Tote –
und damit meine ich nicht,
ich will mehr kennenlernen.
Mir fehlt nur das Verständnis,
wieviel Tod mich wirklich
                umgibt,
in welche Richtung ,
wie oft, woher –
Lauert er wirklich überall um
        mich herum
oder lauere ich auf ihn?

und dann kommen die alten Lieder,
hoch kommen sie, say it ain't so ...
mein Kopf explodiert –
wir hatten die Chance auf alles,
alles lebendig zu halten,
die ganze Erde.

Wie verkackt muss man sein,
vom VW-Käfer bis zum Jumbo,
von Hitler bis Trump,

von der Vernichtung der Wälder
bis zur Vernichtung der Riffe.

Wie gnadenlos krank sind wir
        eigentlich wirklich?
Fuck Fuck Fuck Fuck Fuck Fuck
    FUCK it

müde sind wir
wollen schlafen
kömnne nicht mer
sind am ende
träume greifen
nach dem naohtmeer
wir sind schwere
leicht nilu wieder
schwere dinge
ganz am ende
frauen männer
bitte gi b mir
flügelenden..
um zu weichen
von der welt

dann wurden die meinungen
stärker als das virus
sie schwollen wie hahnenkämme
und echsenhälse
sie blökten sich an
und spuckten aus voreinander

das war der moment als ich
sterben wollte
um irgendwohin zu entkommen
wo kein arsch mehr so tun
konnte als wisse er er er er er
es besser

dahin wo endlich mal einer
anfangen würde zu fragen!

Angst um dich, Angst als ob du
mit Anlauf vom Balkon springst,
die Tür aufreißt und ohne einen Laut
über die Brüstung gehst.

Dahinter ist kein Halten mehr.
Da kann ich dir nur noch nachsprin-
                              gen.

Da ist Schluss. Ende.

sag mir covid oho co ohoooooo o
coooooo coco co coko!
sag es coco woho o o o
low and ho
high und blow
co co vite
paint it all, Co
du dünnen stimmchen
du fledermausbrut
du vertriebenes dingchen
aus dem urwald –
comm cov. comm kov
machh uns nicht kalt
weil wir dich nicht leben lassen
krieger in unmassen
tote idiote
waldrandsprenger geldgiermänner

Eine Nacht habe ich geträumt,
die Aliens greifen an -
kein sicherer Platz mehr
in keiner Stadt auf der Erde,
nur Angreifer aus jeder Richtung.
Sie konnten überall hin,
Fenster, Türen, alles sinnlos,
kein Schutz.

Das war sieben Monate vor Covid.
Alles klar, Leute?

Das ganze Trösten hat genau
so wenig gebracht wie dieGewalt.
Bullen gegen Bürger,
Verschwörer gegen Verstand.

Das hat das Virus locker umrandet.
Wie Kinderkringel .
Wie leicht Panik sich breitmacht
in jede Richtung..,
umwerfend.

Entsetzliche Wellen schlägt sie
dann. In den meisten breitet sie si
ch langsam immer weiter aus.
Die Aura des Virus.
Ein gewaltiges Wesen.

Da muss man schon groß sein,
um sich dann zu behaupten.
Und sich bilden.

Zu Weihnachten wünsche ich mir
ein Coronakuscheltier und ein
Corona aus Lego und das Impf-
stoff-Spiel mit Spritze.
Und einen Coronakeks in mega.
- Ich will Corona;
- Echt?
- Nicht so wirklich, aber meine
Mutter hat gesagt, das andere ist
zu teuer und ich gluabe, sie
hat mir schon einen Messipülli
gekauft.
- Glaubst du echt, Messi ist
stärker als Corona?
- Naja, nicht in Toren aber
in Toten vielleicht doch

Coronöblöd!
Was?
Corönöblöd!
Ja, das hab ich schon verstanden
aber was heißt das?
Corönöblöd?
Ja;
Na, natürlich —
Sag jetzt nicht corönöblöd!
Doch, genau!
Weißt du denn, was das heißt?
Nein, aber es klingt gut und jeder
sagt es.
Corönöblöd ist eben das Wort der
Stunde.
Ich habe sogar gehört des Jahrhunde-
                              rts!

Starker Erfolg!
Corönöblödmäßig geil!

Ich glaube einer wacht über uns,
ich denke die ganzen Jahre,
es muss sich was ändern –
und jetzt kommt das.
Ich glaube wirklich,
da passt einer auf einen auf!

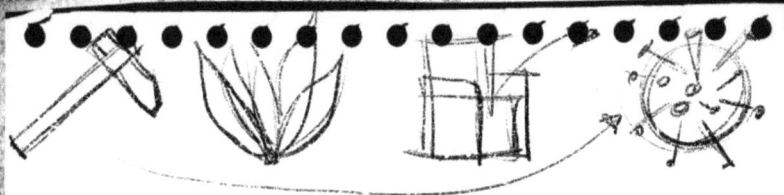

Heute Nacht hatte ich eine großartige Waffe
im Traum,
einen Hammer aus weißem Porzellan,
sein Kopf sah aus wie eine vielfältige Flamme.
Er diente zum Beispiel dazu,
diktatorische Präsidenten vom Thron zu stoßen
oder aus dem Weißen Haus zu holen,
aber er war auch international sonst einsetzbar.
Und das Virus kriegte man mit ihm auch hin.
Er schnüffelte es wie ein Hund und auf
und nagelte es an die Wand, um dann
Selbstheilungskräfte auszubreiten.
Weiß wie die Wahrheit war er,
nicht die von Menschenhaut, wie die ohne Sünde.
Weiß, wie die Vernunft, mit der wir mitunter
gesegnet sind.
Rein wie die reine Menschlichkeit,
die andere atmen lässt und anderes,
wie zum Beispiel Mutter Erde.
Weiß wie das Licht des Regenbogens, des Nacht-
himmels voller Sterne, das Licht in Kinderaugen,
das Wissen unserer Vorfahren auf sämtlichen
Kontinenten. Weiß wie der Zusammenstrom aller
Farben, enteinsamt weiß, zusammengehörig weiß,
lichtweiß, klarweiß, unmissverständlich klug.

Morgens wache ich jetzt gerne auf aus
der Psychiatrie. Zum Glück schaffe ich es
immer, den Gummigurt abzumachen, der mich
fixiert. Mit mir im Bett schläft ein
kleines Wesen mit strampelnden, klebrigen
Käsefüßen.

       Tagsüber bin ich dann draußen.
Zwischen Trump, Corona, QAnon, Querdenkern,
hinterherhinkenden Politikern, seit heute
auch Triage, weil eben ein paar von den
Beatmungsgeräten abgemacht werden müssen
- aber das ist nur Materialmangel.
Menschenmaterial, das Wort, habe ich zum
ersten Mal mit 17 gehört, als ich Abi
gemacht hatte und ein Rednerlehrer sagte,
gutes Menschenmaterial wäre da dieses Jahr
bei rumgekommen.
Könnte sein, heute Nacht strich ein toll-
wütiger Fuchs um mich rum mit einer Krone
aus Fledermaus und einem Fell aus Lufthansa-
milliarden. Die krepieren jetzt by the way
übrigens trotzdem. §9 Milliarden Tacken
haben nicht gereicht. Erstaunlich.
Sind die U-Bahnen eigentlich fahrende
Ansteckhallen, schön quer durch die Stadt?
Kriegen alle Politiker sofort einen Test?
Und wenn ja, ist das schon so eine Art
           Vor-Triage?

Könnte sein, heute Nacht strich ein toll-
wütiger Fuchs um mich rum mit einer Krone
aus Fledermaus und einem Fell aus Lufthansa-

Beim Karneval waren dann natürlich viele
Covidwagen mit Covidkaramellen und
Stachelmützen und Fledermausflügeln
und Virologenlächeln und Reichsflaggen
und Schimpftiraden und Angstausfluss
und Niedermetzelgeschrei und Wutgegenalles
und Lüge und Machtgehabe und Einheitsbrei
und Besserwiss und stell nie wieder ne Frage
und Hlit's Maul Gebrüll und du gehörst auf den
                         Müll
und Rectmacher-Tölpeln und Rechtsmacher-
                         Demagogen
und Kaufmichideologen und Geldmachern
jede Menge sowieso und Angst vor Überfluss im
                         Klo
und Wutwesen und verwundeten Seelen und
rechthaberisch Coronaerben zählen und
was mit und was ohne und ist Fußball die Krone
oder gehört sie nicht doch König Lear
und wer reitet die Viruswelle als Supersurfer ...
Macht und Machtwahn sind ein schmaler Grat –
und ein einziges Virus macht den größten Salat,
den wir jetzt haben, fraglos, entdemokratisiert,
dämonisiert, feige kastriert, angeschmiert,
gespalten, ungehalten, eingetütet, abgetötet,
keiner weiß mehr, jeder weiß es, Behauptet wer?
Einsam im Virus zu wandern, keiner sieht den
                         andern.

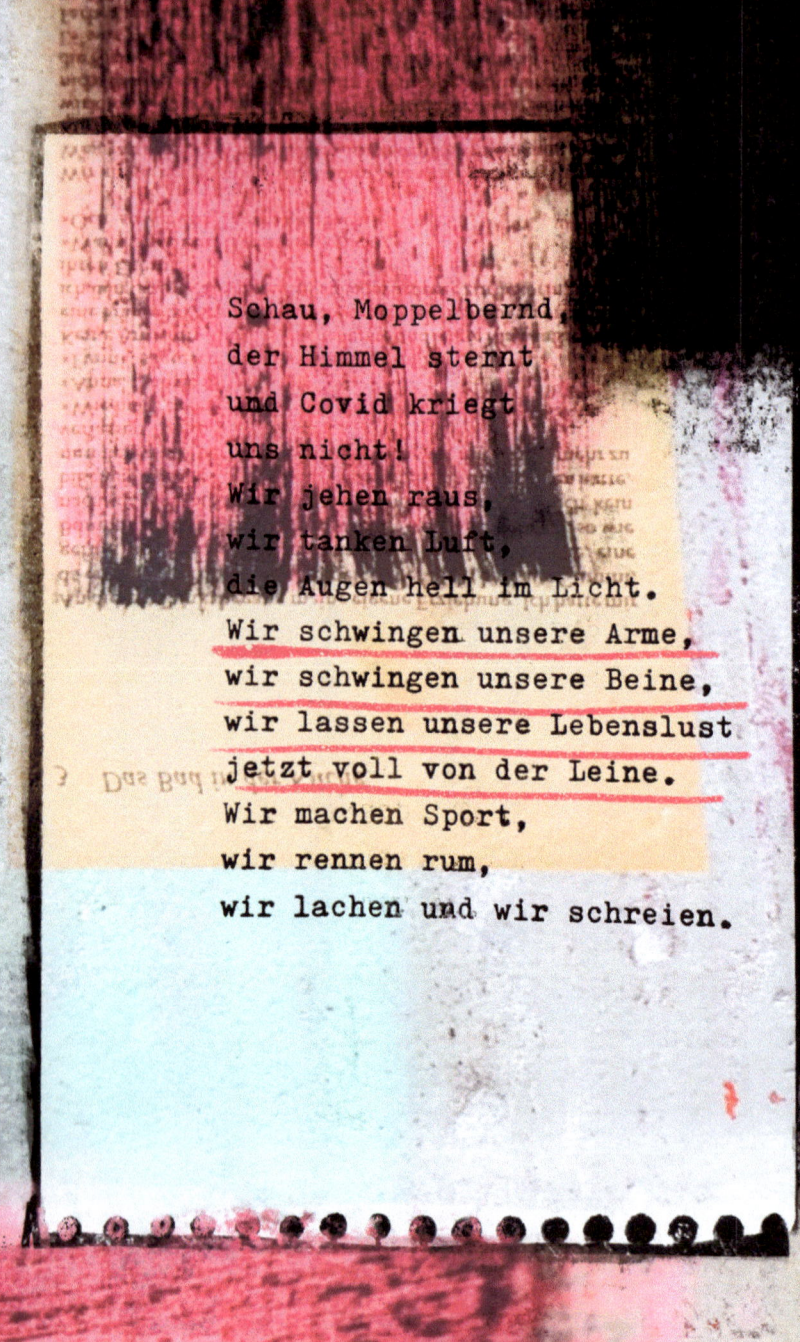

Schau, Moppelbernd,
der Himmel sternt
und Covid kriegt
uns nicht!
Wir jehen raus,
wir tanken Luft,
die Augen hell im Licht.
Wir schwingen unsere Arme,
wir schwingen unsere Beine,
wir lassen unsere Lebenslust
jetzt voll von der Leine.
Wir machen Sport,
wir rennen rum,
wir lachen und wir schreien.

Schau, Moppelbernd,
der Himmel sternt
und Covid kriegt
uns nicht!
Wir jehen raus,
wir tanken Luft,
die Augen hell im Licht.
Wir schwingen unsere Arme,
wir schwingen unsere Beine,
wir lassen unsere Lebenslust
jetzt voll von der Leine.
Wir machen Sport,
wir rennen rum,
wir lachen und wir schreien.

Was sagt der Koran zu Cornona?
Was sagt die Bibel zu ihm?
Sagen wir mal so: in unserer (?)
wetl. Zivilisat. wurde das
Händewaschen   pi mal Daumen vor
150 Jahren eingeführt,
(meint einer aus der Gemeinde
Kleinbottwar), während
die älteste Trad. krprl.
Reinheit das Judentum vorzuzeigen
hätte. Die Gesichtsbedeckung
im Koran nebst Alkoholverbot
wird es nicht sein - denn die,
die mehr dran sterben - an Corona
- nämlich die Männer brauchen
keins von beidem, wie   ich sehe
Die Corona-Buch-Lehre wird also
noch geschrieben werden müssen,

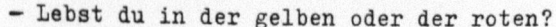

- Lebst du in der gelben oder der roten?
- bei uns geht das nach Kilometern!
- und?
- bis vorgestern 5, jetzt wieder 1.
- ich war erst frei, dann knapp neben rot und
  jetzt hot spot!
- mit oder ohne Beherbungsverbot?
- bis zum Gerichtsurteil mit.
- Verlust?
- Na, Geld halt, wie alle.
- Kinder in der Schule?
- Nein.
- Pech!
- Ja, sonst hätte ich die wirtschaft mit a m
Laufen halten können sollen.
- es sei denn als Kindergärtner, die waren
immer sysrelevant ...
- ha!
- und u-bahnschaffner!
- wie halt alle schlecht bezahlten ...
- meinst du, es geht darum? Niedriglöhner an
die Macht?
- nicht an die Macht, nur mehr ans Ruder.
- Ach, so - Sklavengaleere!
- Jetzt hast du es ...
- Oh, hörst du die Trommeln ...

Heute habe ich 1o.ooo Schritte
um den Block (aber meine Nachbarin
hatte 14.ooo)
Smartwatch oder apple?
Natürlich apple!
Ich auch!
Die alte oder -
Natürlich die neue
die alte, hat mir mein Sohn
            vererbt.
So weiß man wenigstens, was man
        geschafft hat.
Ja, Minimum muss sein!
So ein Glück, dass es Healthwatches
            gibt.
Oh, ohne Virus hätte ich das nie
        geschnallt.

Haste gehört, dass die Lufthansa
es nicht geschafft hat mit den 9
                    Milliarden?
Wie? War das dann in den Wind
                    geschissen?
Nee, nee, nee, nur schlechte Lobby-
                    arbeit.
Die ham zu tief gepokert?!
Genau. Verschuldet euch, dies ist der
            Ratschlag Gottes. - NEIN!
Der Kredit ist nicht länger der
            Schöpfungsakt im Kapitalismus,
nun ist es die Coronahilfe.
Schuster, schlag über den Leisten!

Der Einzige, den ich gesiezt hab,
war Corona.
Ich war Mitte 20 und hatte Angst.

"Es sind jetzt andere Menschen
die Stars Das ist doch auch mal
schön."

Fußballstar über die C-Zeit

Verzicht.
Sollten wir wie Mönche leben?
Uns aus allem zurückziehen?
Nur in uns kehren?
Vielleicht öffnet sich eine
                    Chance,
Ballast abzuwerfen?

Und was sagen die Nonnen dazu?
      Schwanz raus, Bruder -
oder Schwanz rein ---

Oder:
Endlich ziehen sie die Schwänze
                ein.

Am Anfang wusste jede Wirtin,
es kommt aus China.
Am Ende hasste jede Wirtin die
Deutsche Regierung.

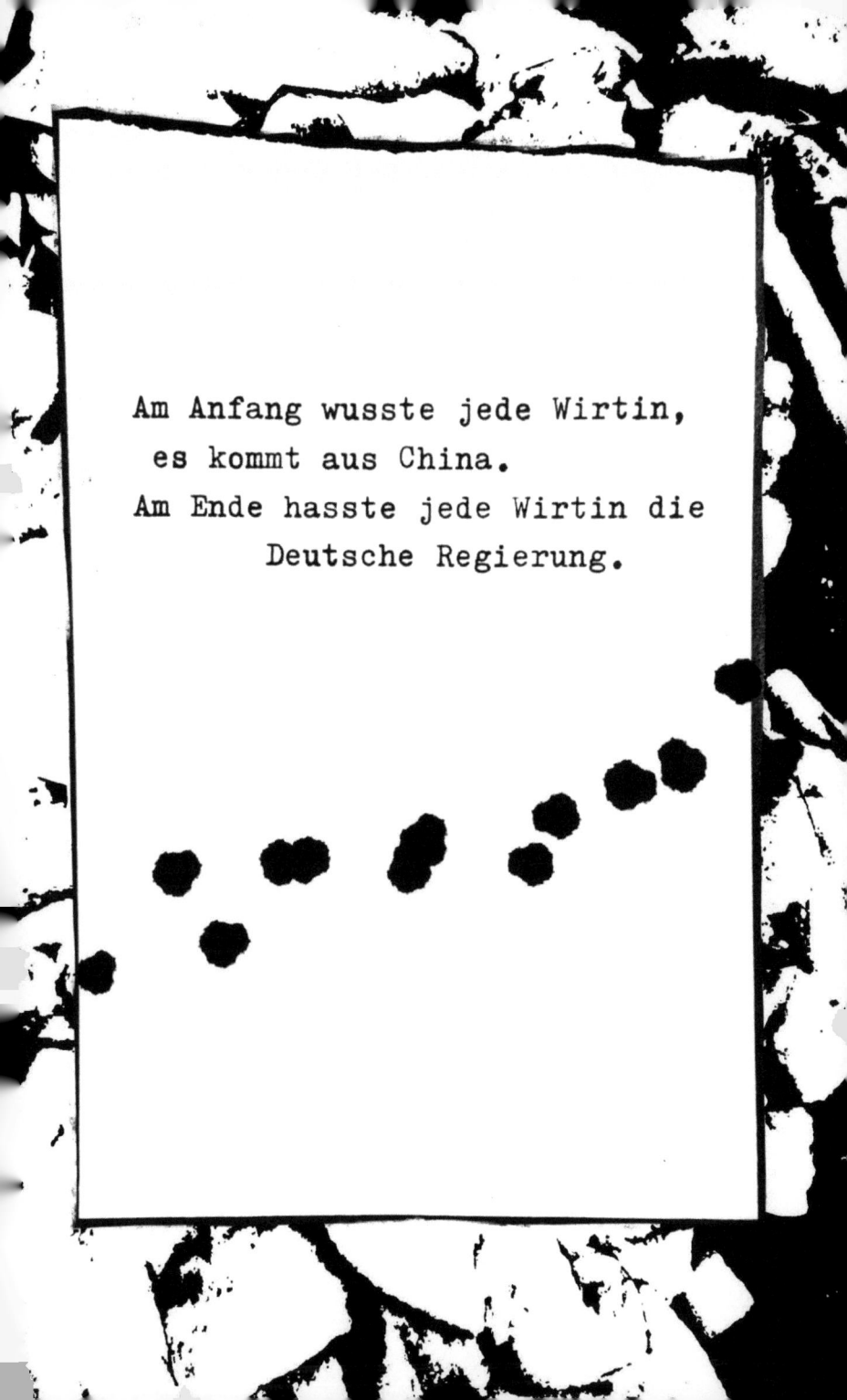

Die ganze Einsamkeit
ist eine Wahnvorstellung der
          Wohlhabenden,
wir anderen hatten das nicht,
wir haben geschuftet und so.
Wir waren jeden Tag auf der
               Straße.
Homeoffice oder Sherriff's office,
       what the fuck?
Ihr träumt immer noch, ihr
       Goldgräber,
dass ihr keine Goldgräber seid?

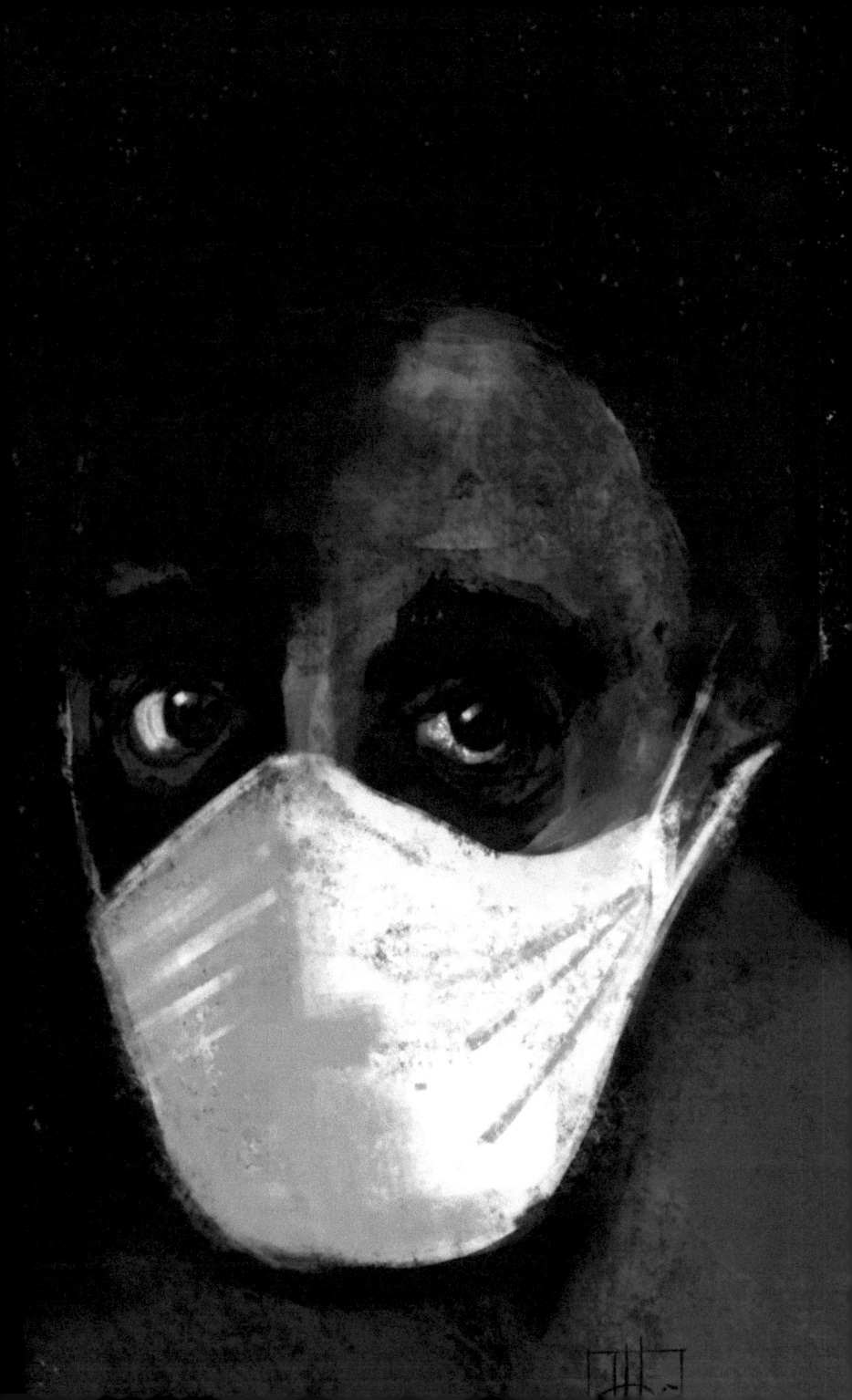

In Moabit stehen wir um den
          Mülleimer und öffnen
                    die Dosen.

Unsere Mäntel sind lang, schmutzig
und aus der Mode.
Die Türken saufen genauso wie
               wir,
auch ihre Weiber.

Auf wen lauert der Tod?
Auf die Ratten ohne Rabattmarken?
Auf schlecht gefärbte Haare?
Auf das billige Asphaltlicht?
Vergiss die Ansagen.
Halt dich an deinem Körper fest.

Auf dem Kudamm standen Bullen
        wannenweise
und checkten Maskenträger
        das ging 12 Stunden lang
        im Sonnenschein
dann war der Ofen aus!
Sonnenscheinpolitik
Einkaufskritik.
Fresslustuniform in der Reichen-
                norm.
Hihihuhu Jawoll Bürgermeister.
Kurfürstendammkleister.
Wir tanzen den Kudamm
        auf und ab
wir gehorchen den Reichen
        und flößen Goldbarren
        flußauf und flußab.
Wir sind die Flößer der
        Scheckeinlöser ...

Was ist der Unterschied zwischen
einem Jahr und fünf?
Das sagt ja auch Dante.
Aber nervös bin ich doch.
Lass fallen.
Will sagen! Gib's noch nicht dran.
und so machen wir es –
der Atem wird lang –
das Leben lebt
wir gehen was geht
wir lieben die Liebsten
wir machen den Tod aus
und das Leben an!

Was

Was näch nächzte näch hm

nichts

was ? nichts!

es reicht doch.

ist doch viel mehr drin.

Coronakotze. ich sage nichts mehr.

mehr.

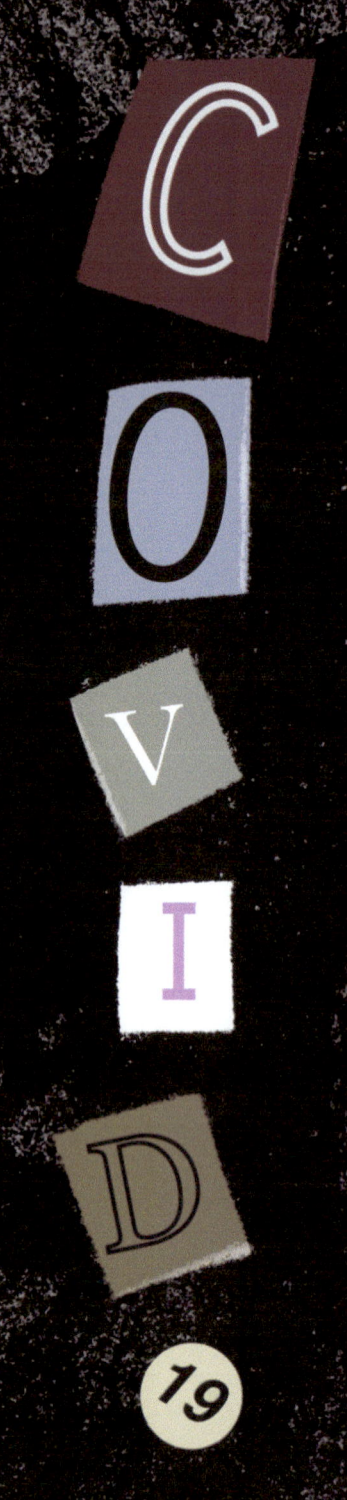

Ich glaube nicht, dass die
        Coronadenker
Corona denken.
Mein   Bruder kommt mit seiner
    Frau und Matsi und Mika zu mir.
Alle essen und gukçen Filme
und alle sind ohne Maske.
Mein Freund und sein Sohn bringen
ihr Rad zur Reparatur und kommen
vorbei.
Alle und ich auch und meine Frau
wollen einander sehen.
Wir leben doch nur nach dem
Prinzip Hoffnung.
Wir sind Korallen im Ozean,
die auf das Wasser vertrauen,
auf die Luft,
auf den Lebenszusammenhang.

30 Zeilen volle Freiheit.
Alles zu denken. Alles zu sein. Grenzenlos.
Okay. Zuerst - Trump is dead, hoffe ich -
geistig und poltisch. Den Rest gönne ich
ihm. - Dann. - Fragt sich denn keiner,
wie uns das Virus ereilt hat und alle nur, wie
es sich ausbreitet und wie der Mensch es
besiegen kann? - Was für ein niederer
Gedanke.

Das reicht doch nun wirklich nciht,
bRüder und sisters und schwestern und
brothers und religionsführerINNEN
und WISSENschaftlerinnen mit Sternchen
und Gehirn -

Ohne Denken wird's nicht weitergehen.
Wer das doch denkst, ist doof.

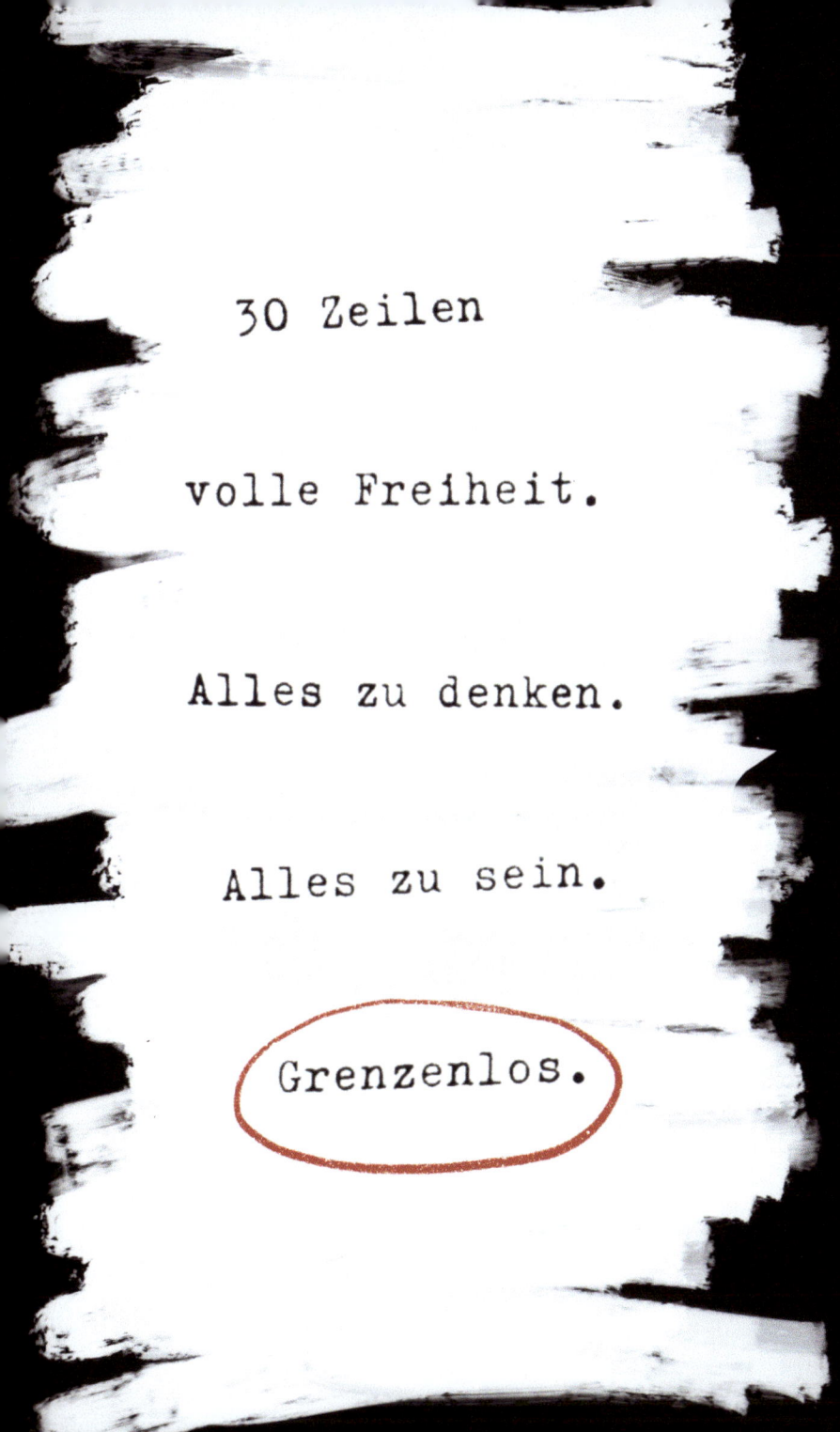

30 Zeilen

volle Freiheit.

Alles zu denken.

Alles zu sein.

Grenzenlos.

Weißt du wie das ist, nicht aufhören
zu wollen am leben zu sein?
Diesen Mut zu haben, über die Grenzen
            zu gehen!
Immer weiter, gar nicht aufzuhören ...
Ein Braingeist ohne Sonde ohne Stachel-
            draht.
Ein Nilpferd, das den Fluss vergisst.
Ein einäugiges Krokodil das fliegt.
Ein Mensch ohne Fortpflanzung.

Eine Liebe ohne Liebespartner
aber ein Hoffnungsträger.
Ein seltenes Virus.
Ein Liebesding.
ein verächter der bekannten kost.
Ein AUSWEG.

Du weißt nicht, was die Zukunft ist,
wohin du dein Gehirn hängen solltest
und dein Herz teilst
und deine Liebe.

hab wiwirklich die Zeit genutzt zum
Zeichnen zum Malen
ich eh
mit tut immer
noch mein Rücken
oder emin Hintern
ich weiß nicht
tut mir weh
ich weiß nicht ob ich schräg laufe
oder zug kriege
oder was das ist
ist heute nicht besser
ich hab das gefühl, muss ich locker laufen.
und lockerlaufen muss ich auch meine gedanken.
ich bin irgendwie bisschen,
in mein kopf hat es sich irgendwie versteift.
und ich galub deswegen hab ich irggendwie
so schlecht geschlafen.
ich weiß nicht genau woram das liehgt
aber ich könnte so jeden moment so
irgendwie losheulen

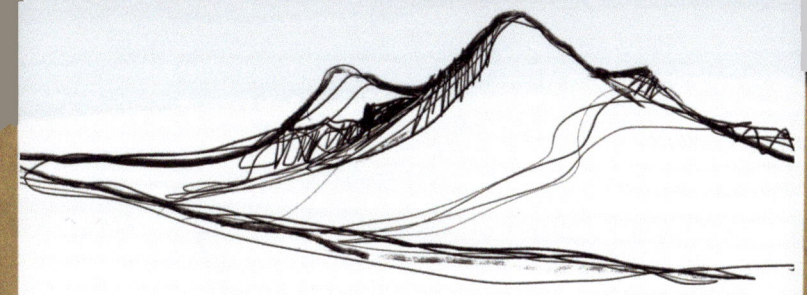

Wer denkt mit mir,
wer denkt dagegen?
So eine strikte Scheisse
hat wohl lange keiner mehr erlebt,
sei es in Germany
oder den United States.
oder in der Türkei.
Oder auf den Hängen des Ararat.

Was brauchen wir eigentlich in echt?
So ne Art blinden Herzschlag,
so ne Art blinde Unterwasserverbindung,
so ne Art pilzstrom
so ne Art Leben zusammen.

wer denkt mit mir?

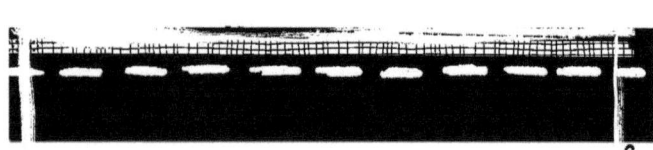

Jeden Momet losheulen
aber man könnte sich
das auf ud ab des lebens
bin jetzt draußen
ich habe gelitten
ein wenig
ein wenig ist nicht das richtige Wort
abe's upergute düstere Stimmung
Und ehm ja auftreten der
kämpferis_cher
aber keine Liebe keine Liebe keine
und das gefällt mir
ich bin irgenwie das wochende
ma gut ich hab einiges geschafft von dem
was ich schaffen wollte ehhhm
hm
und eh es war
siemlich ruhig
ich hab mich nicht einbinden lassen
in gartenarbeit oder irgenwecloche.
anderen aktivitäten
sondern

hm
v'lleicht
keine ahnung was das ist
hab das jetzt alles immer auf covid geschoben
aber sind ja im moment so ein bisschen
besser dran
als vor ein paar wochen
wir ham ja mehr aufgelockert

und man könnte sich
jetzt freier fühlen.
hm.
eh ich weiß nich ws es ist
is vielleicht einfach nur
das auf und ab des lebens
und ich hab mich nicht
bei dir gemeldet
weil ich weiß dass du keinezeit hast
und ja ich wollt nur hallo sagen

Jetzt hören wir mal auf.
der dreidimensionale Raum lacht,
das geht bergab.

Bist du stärker Covid,
bist du über uns hinaus?
Beendest du uns oder
gehen wir weiter-
ist der Planet nur oder DAS
Sprungbrett in

liebstes Universum,
wir würden gerne
in Dir weiterlben und
die Flügel spreizen

und unsere gesamte Liebe
zueinander tun
und von da

ein gemeinsamer Atem sein,
ein Ding, das keiner kennt,
no establishment

yes in the word of the bellsabovegod or
                    the one
a sound of love

auch wenn es ein schwaches wort ist

Und wenn ich dich heirate, Covid?

Wenn wir Kinder kriegen?
) , 18 oder so viel me. hr ...
wenn wir aufhören zu zählen
und uns nur fragen, wer überlebt.
dann sage ich nein, Covid.
Ich habe dich nie geliebt.
Aber Giovi, Vale, Rita,
Michèle, Nadine,
Botti, Andr' ′′′

Du bist nur ein Ding, das mich als Wirt
benutzt.
Aber ich brauche Partnerinnen
und Partner,
mit denen ich Geschichten schribe,
erlebe,
verwerfe!
Und beginne;
Geschichten beginne. Das ist es,
was ich will.

jetzt ist schluss
schlafen gehem
eine sache ist auch,
dass ich nicht
so traurig bin
eine möglickeit ist auch
dass ich nicht so fröhlich sein kann
und on top of the world
und dann fröhliche bilder malen
ich glaub das gehört immer alleszusammen
das stimmt
is parketto
ich könnte losheulen und bin okay
damit
ich bin einfach nur nachdenklich
es is echt okay, Mann

        du kannst sein wer du willst
durch glas reden
durch metaphern
wissen
gekränkte liebe
besserwissen
trumpismus
farben in the glow

lass uns aufhören
darüber nachzudenken

wir werden
uns nie so lieben wie
zuvor

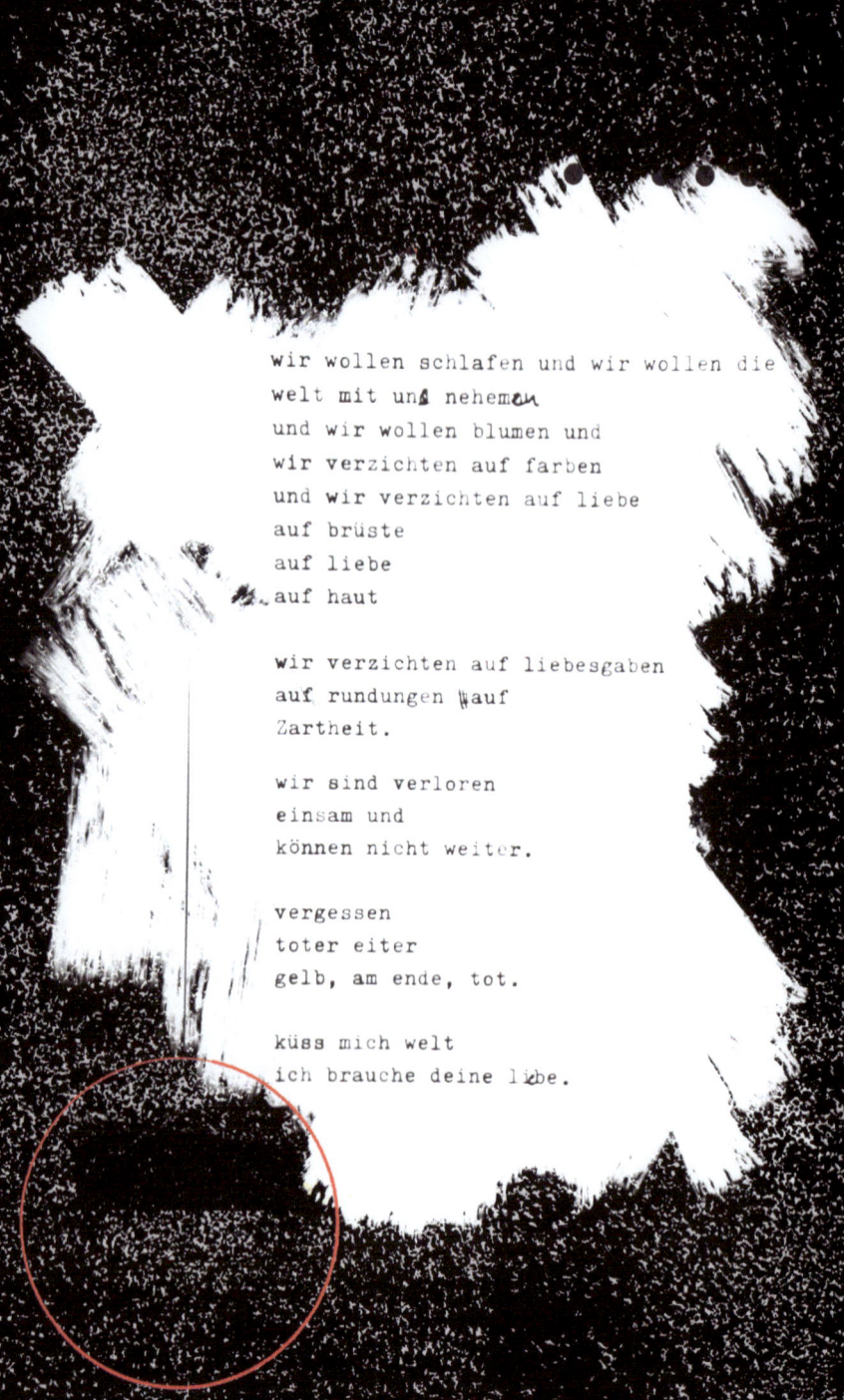

wir wollen schlafen und wir wollen die
welt mit uns nehemen
und wir wollen blumen und
wir verzichten auf farben
und wir verzichten auf liebe
auf brüste
auf liebe
auf haut

wir verzichten auf liebesgaben
auf rundungen auf
Zartheit.

wir sind verloren
einsam und
können nicht weiter.

vergessen
toter eiter
gelb, am ende, tot.

küss mich welt
ich brauche deine liebe.

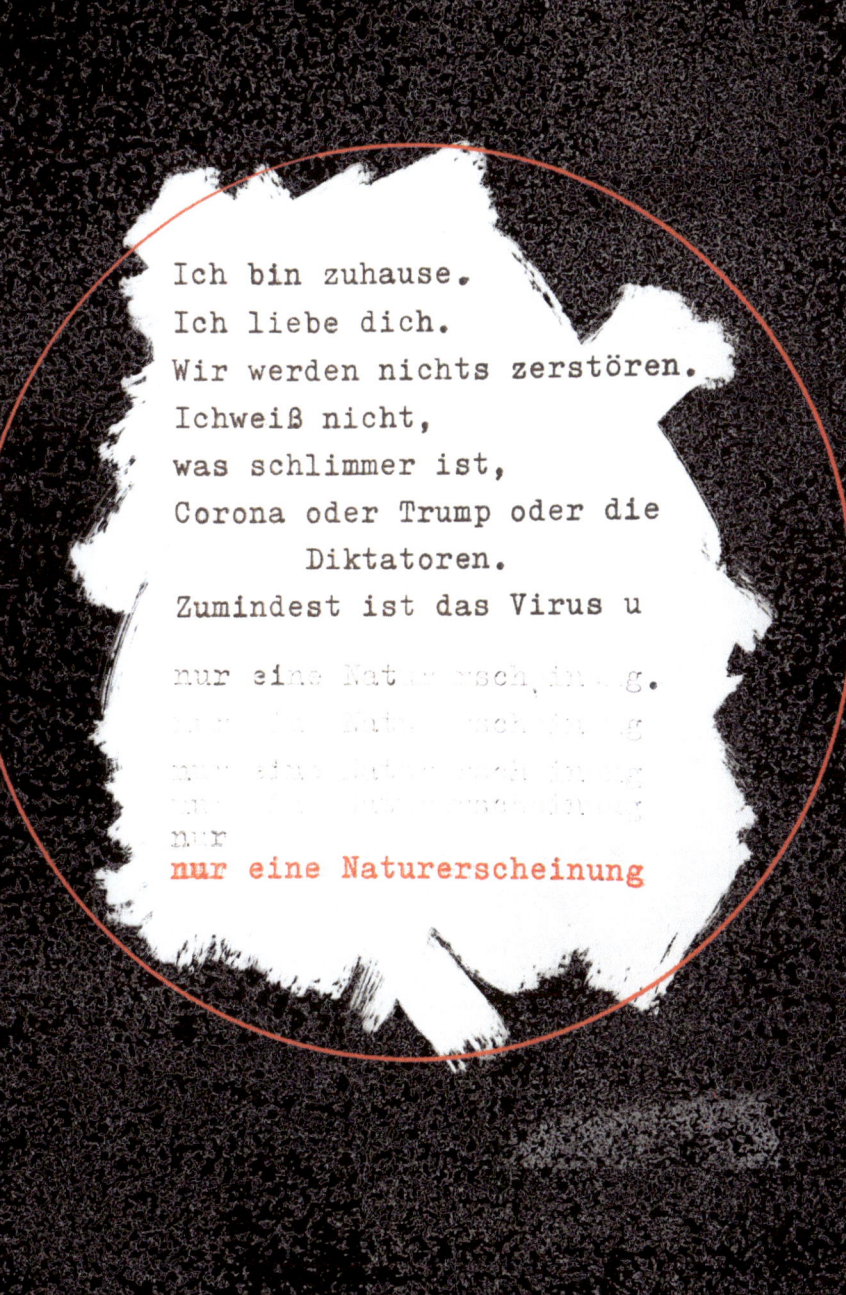

Ich bin zuhause.
Ich liebe dich.
Wir werden nichts zerstören.
Ichweiß nicht,
was schlimmer ist,
Corona oder Trump oder die
        Diktatoren.
Zumindest ist das Virus u

nur eine Naturerscheinung.

nur

nur eine Naturerscheinung

und nun ade Covid
was auch immer du weiter

treibst
wo die Sonne auch untergeht
ob in Nord oder Süd
die Geschite bindet sich
an die Zeit und die an die
Materie
und die endet nicht im
                    Kapitalismus
nur aber im Leben der
                    Erde
Sie war unsere Begleiterin,
 die Planetin in Blau
die Wolkenreiche und Schöne,
die Meeresbraut mit Kontinenten
oh was für ein Planet!

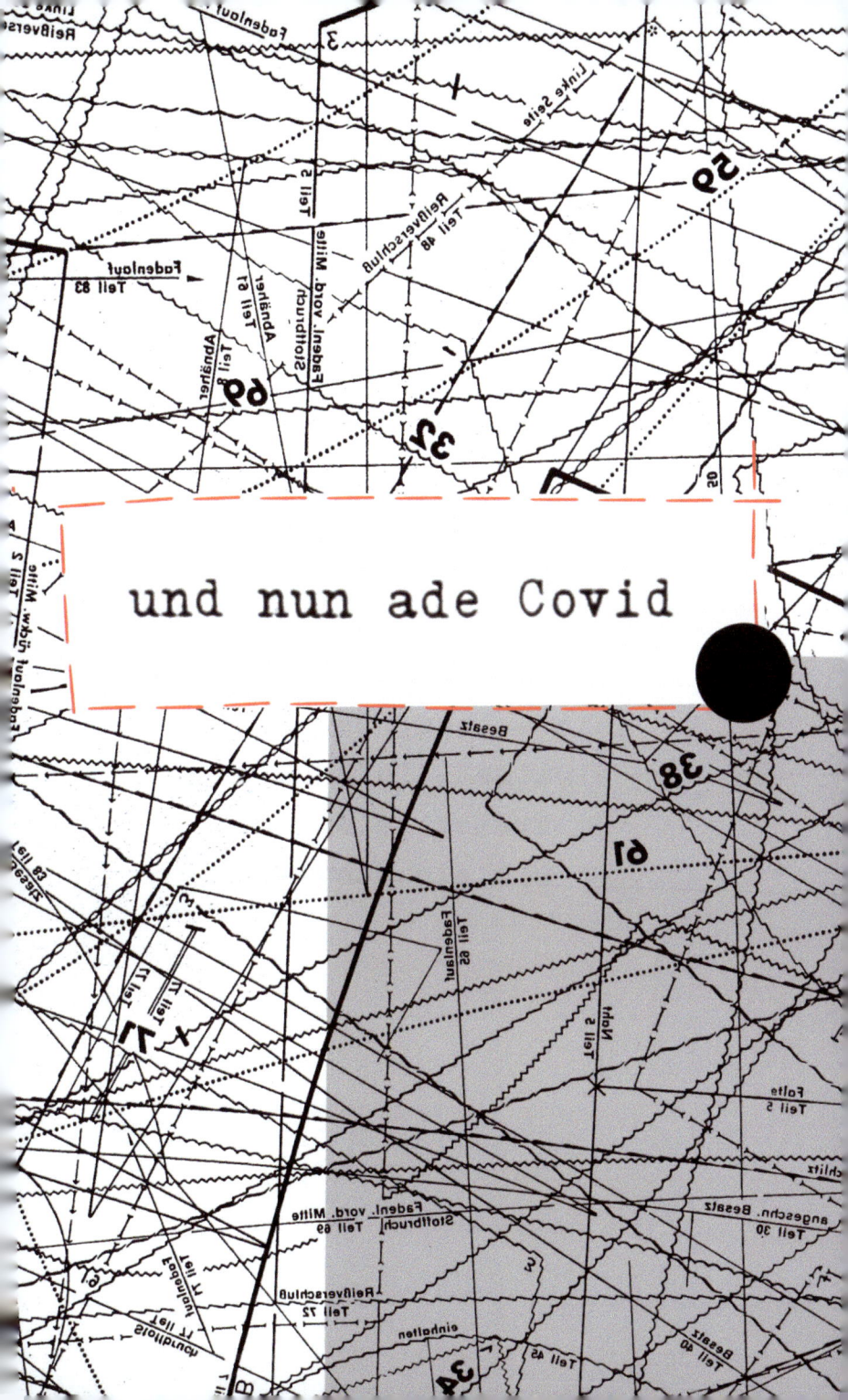

und nun ade Covid

Raus aus der Wohnung,
der Kopf aus dem Fenster
            genügt -
andere Luft,
Riesenraum, die ganze
            Welt!
umfasst mich, Luftwirbel,
eintauchen, Ohren auf,
einatmen, Luft-Luft-Luft!
Im Freien sein, doch
    wie ein Hund leben!

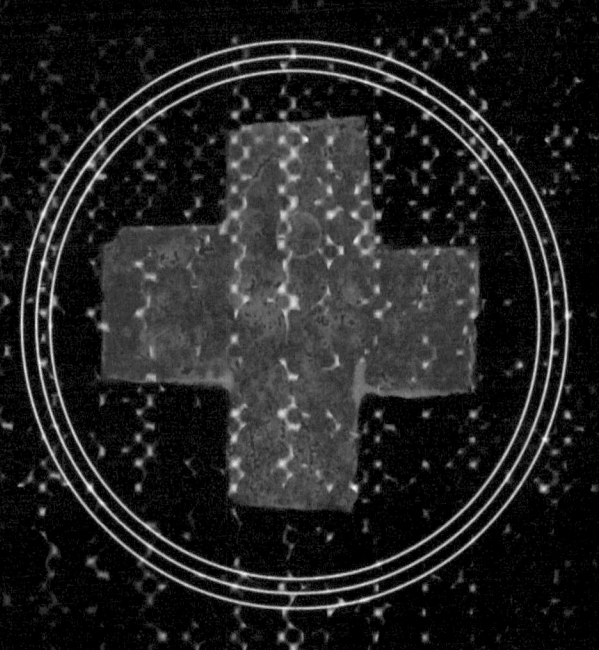

2. ~~Kapimki~~ Kapitel

- Winter 20/21 -

An der Decke kleben seine Schreie,
der Hanswurst ist zerplatzt.
Er hatte so schönes Haar,
seine Stimme war so hauchzart.

Niemand vermisst ihn,
keiner weiß, wer er war,
so zart war sein Haar,
das Licht seiner Augen glomm doch so schön,

Wer vermisst ihn schon.
Keiner vermisst ihn.
Alle sollten ihn lieben.
Keine liebte ihn.

Ihn liebter keiner.
Er war ein Kleiner.
Seine Augen blieben unsichtbar.
Das Ganze war so wunderbar.

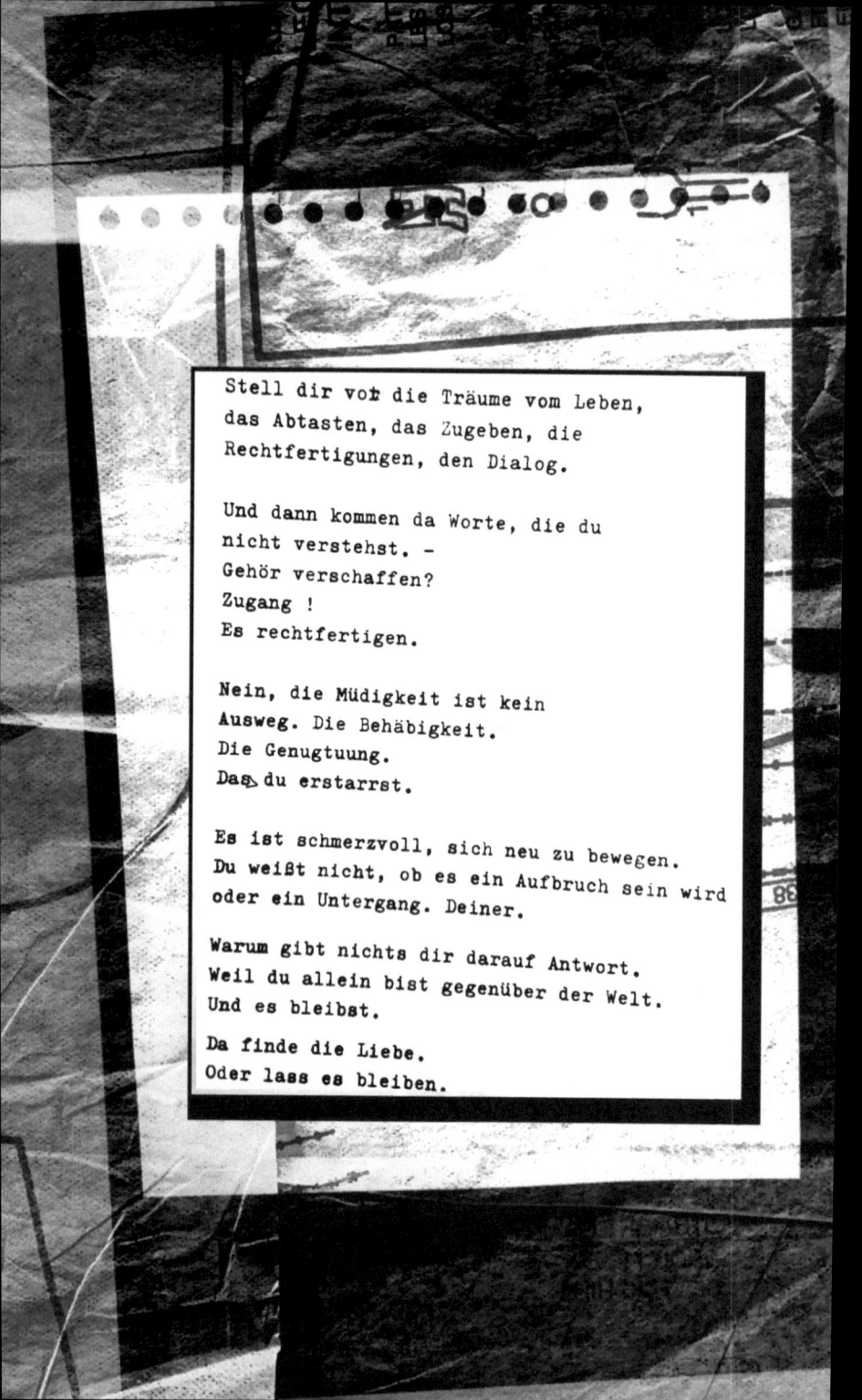

Stell dir vor die Träume vom Leben,
das Abtasten, das Zugeben, die
Rechtfertigungen, den Dialog.

Und dann kommen da Worte, die du
nicht verstehst. –
Gehör verschaffen?
Zugang !
Es rechtfertigen.

Nein, die Müdigkeit ist kein
Ausweg. Die Behäbigkeit.
Die Genugtuung.
Das du erstarrst.

Es ist schmerzvoll, sich neu zu bewegen.
Du weißt nicht, ob es ein Aufbruch sein wird
oder ein Untergang. Deiner.

Warum gibt nichts dir darauf Antwort.
Weil du allein bist gegenüber der Welt.
Und es bleibst.

Da finde die Liebe.
Oder lass es bleiben.

Abklapp

Ich nehme die Welt, wie sie ist.
Dies schmälert nicht
          mein Entsetzen.

Eine Hand in die Höhe –
und das Meer steigt.
Eine Hand in die Tiefe –
und das Land sinkt.

Die Geretteten auf einen Berg,
vielleicht auf den Ararat.
Die Ungerechten zu Staub,
ohne Wiederkehr,
ohne Taten.

niemand hatte für die Schulen
belüftungsfilter angeschafft,
in deutschland hieß es: macht
die fenster auf, sorgt für
                    durchzug

die pflegerbrüder und schwestern
wollten sich nicht gerne impfen
                    lassen,
es fehlte ihnen an Aufklärung.

der "Gesundheitsminister" wollte
 seine neue Popularität nutzen,
um Bundeskanzler zu werden.

Dann rief mein Bruder an:
muss mal alles loswerden -
warum muss meine Frau ins büro,
nur weil ihre Chefin keine
homeoffice will -
warum machen die das Sagen haben
die schulen so schnell wieder
auf -
weil die chefin von meiner frau
kein homeoffice will -
warum will mein kumpel jetzt
wo er corona hatte gleich wieder
mit allen bei sich Doppelkopf
                    spielen
und fragt nicht ob ich es will -
warum geht er mit seinem Hund
Gassi, als er es hat - warum bin
ich das Weichei, weil ich, wenn
ich -
er weint. ich wollte unsern Vater

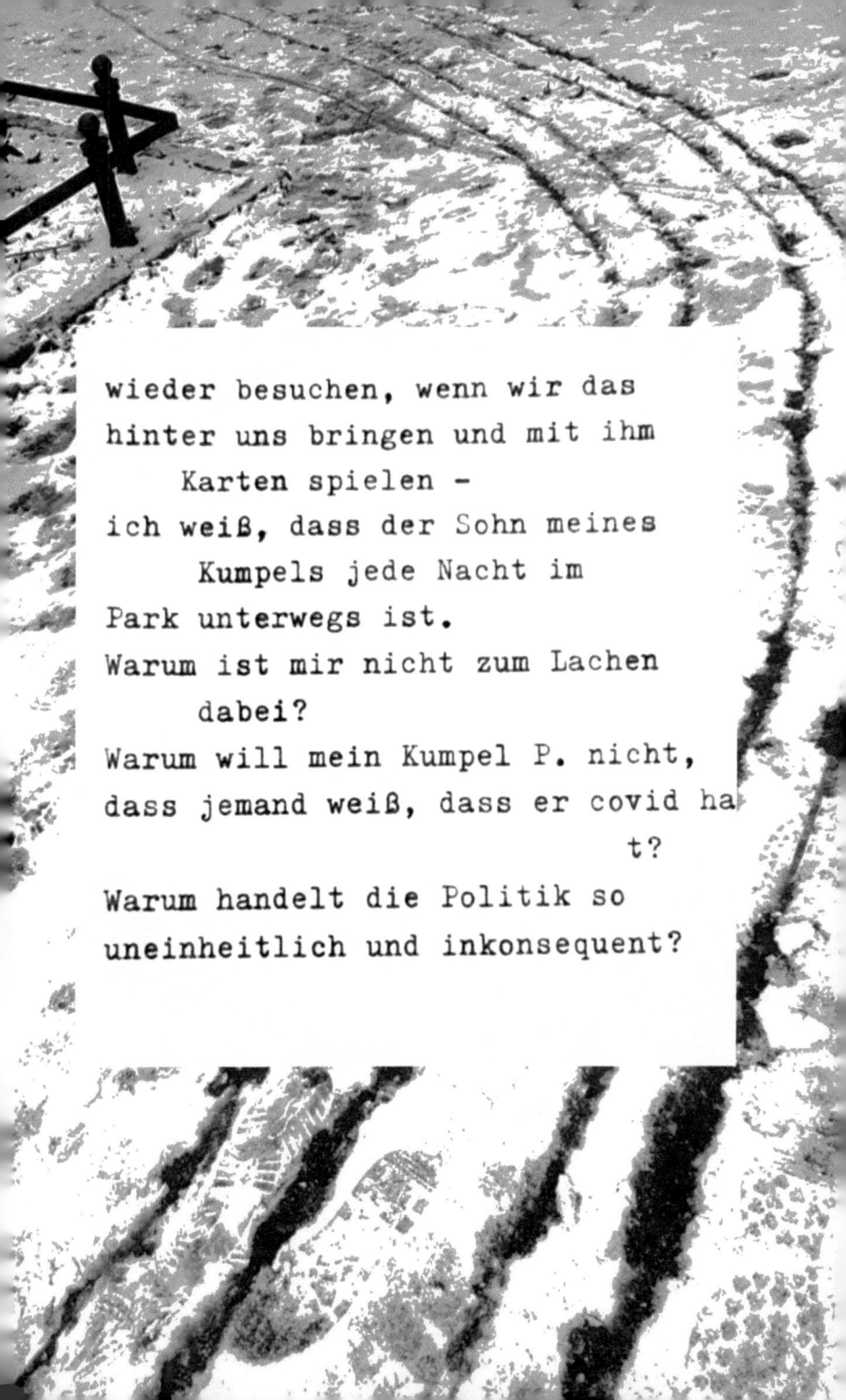

wieder besuchen, wenn wir das
hinter uns bringen und mit ihm
    Karten spielen –
ich weiß, dass der Sohn meines
      Kumpels jede Nacht im
Park unterwegs ist.
Warum ist mir nicht zum Lachen
    dabei?
Warum will mein Kumpel P. nicht,
dass jemand weiß, dass er covid ha
                          t?
Warum handelt die Politik so
uneinheitlich und inkonsequent?

Die Angst, die Angst –
Lass uns tanzen mit dir,
Angst, mit dir, tanzen mit dir,
schöne Angst, wilde Angst.
Die Angst, die Angst,
lass mich tanzen mit Dir.
Deine schönen Augen,
dein Mund so voll Gier.
Meine Angst, meine Angst,
an mich reiß ich Dich
und ich tanze mit dir in
meinen Armen bis in den Morgen,
in dem die Sonne deine Augen
schließt.

Angst;

Angst! Der Morgen ist da –

ich liebe sie, wenn sie die
Augen aufschlägt und zu ihrem
morgenstern greift aus nazi-
parolen aus billgatesknöcheln
aus trumpstollenhaar aus
falschen schamane aus schnell-
quatsche aus aufwiegeln aus
            hohlheit und leerer
                    geste

angst – es ist zeit

sie nickt und geht schweigend
welchen auftritt will sie
nächstesmal hinlegen?

Ich wollte zurück in die Zeit –
Oh nein – nicht vor Corona!
Corona war genauso wie Trump
nur der Ausbruch, der Eiter,
das Zuviel weil wir das Maß
überschritten hatten.

Ich wollte zurück zu den Ahnen.
Zu den Menschen, von denen ich
ahnte, sie konnten leben wie
Tiere und Gras.

In den Schoß dieser Erde, zu
maMi und Tobo und zu Farbe und
Liebe und Wort.

In das Reich lebendigen
                    Daseins

Damals fuhren wir durch die
                    Wälder,
am Morgen lag ein Büffel vor der
          Hütte, ein Bison,
- wir wussten seinen Namen nicht.
Wir hatten die Tiere vergessen,
wir hatten die Welt nur noch im
eigenen Blick und ausbrechen
hieß ausbreiten, hieß erobern,
auch wenn wir uns dessen nicht
bewusst waren.

als der Lockdown HÄRTER wurde,
standen die Geschäftsbesitzer
hinter den Fenstern und warteten
auf Kundschaft.
Alles war geschlossen, hieß',
hinter der Ladentür stand ein
Tisch und an der Kante vorbei
drückten~~sich~~ Kundin und Kunde
in den Laden und draußen warteten
die nächsten.

Der Bürgermeister sagte mit
weinerlicher Miene in der
                    Abendschau
verzeiht uns die Grausamkeit ...

Der Vizebürgermeister sagte!:
ja, bleibt alles beim alten .

das war   der Anfang,
paintress und poet gehen weiter.

www.verlag-akademie-der-
abenteuer.de

www.borispfeiffer.de

www.michelemeisteratelier.com